HISTOIRE DE L'ÉGYPTE

SOUS LE GOUVERNEMENT

DE MOHAMMED-ALY,

OU

RÉCIT DES ÉVÉNEMENTS

POLITIQUES ET MILITAIRES

QUI ONT EU LIEU DEPUIS LE DÉPART DES FRANÇAIS JUSQU'EN 1823,

PAR M. FÉLIX MENGIN;

OUVRAGE ENRICHI DE NOTES PAR MM. LANGLÈS ET JOMARD,

ET PRÉCÉDÉ

D'UNE INTRODUCTION HISTORIQUE, PAR M. AGOUB.

A PARIS,

CHEZ ARTHUS BERTRAND, LIBRAIRE-ÉDITEUR,

RUE HAUTEFEUILLE, N° 23.

1823.

CET ATLAS SE COMPOSE DES PLANCHES SUIVANTES.

1. Portrait de Mohammed-Aly, vice-roi d'Égypte, d'après un dessin de M. le comte de Forbin.
2. Mourâd-Bey, chef des Mamlouks.
3. Abdallah-ebn-Souhoud, chef des Wahabys.
4. Puits à roue du pays de Nedjd.
5. Vue du palais et du sérail de Mohammed-Aly, à Alexandrie.
6. Le roi de Sennâr donnant audience à ses ministres.
7. Une fille de Sennâr triturant du maïs.
8. Femme arabe de la tribu des Ababdeh.
9. Vue du palais de Mohammed-Aly, sur la place de l'Ezbekyeh, au Kaire, prise à l'époque de l'inondation.
10. Plan du nouveau canal d'Alexandrie, dit *Mahmoudyeh*, dressé par M. Coste, architecte de Mohammed-Aly.
11. La Sainte Famille se reposant sous un sycomore à Matharyeh.
12. Carte géographique du pays de Nedjd (gravée).
13. Tableau du commerce de l'Égypte avec l'Europe, sur une feuille in-folio, de six et sept colonnes.

IMPRIMERIE DE RIGNOUX.

Lithog. de C. Motte.

Mohammed-Aly, vice roi d'Egypte,
lithographié d'après un dessin de M.r le Comte de Forbin,
fait à Alexandrie en Mars 1818.

Peint, au village de Torrâh, en 1800, par Mr. Dutertre.

Lithog. de C. Motte.

Mourad-Bey, Chef des Mamlouks.

P. Coste del. Lithog. de C. Motte

Abdallah-ebn-Souhoud, Chef des Wahabys,
décapité à Constantinople en 1819.

Lithog. de C. Motte.

Puits à roue du pays de Nedjd.

J. H. Lenoir del.

Vue du Palais et du Sérail de Mohammed Aly Pacha, à Alexandrie.

Prise du moulin à vent sur la presqu'île des figuiers.

Dutertre, del.t

Lithog. de C. Motte

Le Roi de Sennaar donnant audience à ses ministres.

Dutertre del. — Lithog. de C. Motte

Une fille de Sennâr triturant du Maïs.

Lithog. de C. Motte.

Femme arabe de la tribu des Ababdeh.

Vue du Palais de Mohammed Aly, sur la place de l'Ezbékyeh

Prise à l'époque de l'inondation.

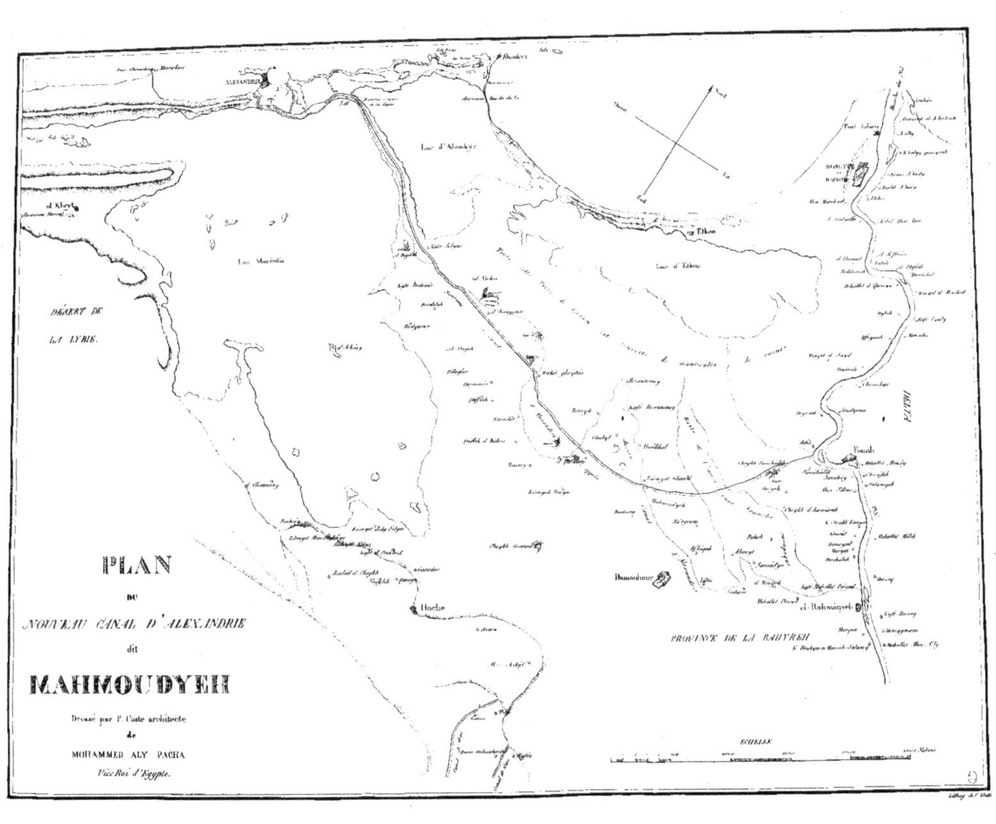
PLAN
DU
NOUVEAU CANAL D'ALEXANDRIE
dit
MAHMOUDYEH
Dressé par P. Coste architecte
de
MOHAMMED ALY PACHA
Vice Roi d'Egypte.
ALEXANDRIE
Lac d'Aboukyr
Lac Maréotis
Lac d'Edkou
DÉSERT DE
LA LYBIE.
Fouah
el Rahmânyeh
Damanhour
Hoche
PROVINCE DE LA BAHYREH
DELTA
ECHELLE

Sycomore à un quart de lieue de l'Eguille d'Héliopolis et à une heure du Kaire.
On prétend que c'est sous cet arbre que la Sainte Famille se reposa en fuyant de Gaza
(Tout le tronc de cet Arbre est parsemé de Croix incrustées, faites par un sentiment de piété et de vénération)

Chapelle, ou Grotte de la Ste. Famille, située sous le Sanctuaire d'une Eglise Cophte, au vieux Kaire.

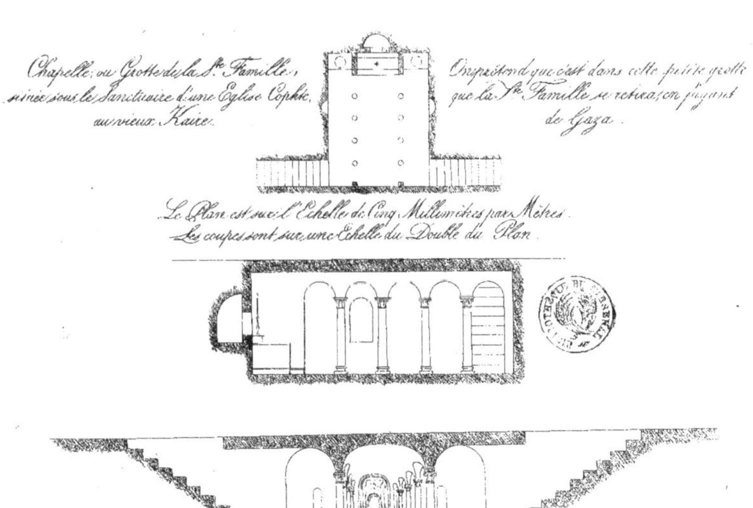

On prétend que c'est dans cette petite grotte que la Ste. Famille se retira, en fuyant de Gaza.

Le Plan est sur l'Echelle de Cinq Millimètres par Mètres.
Les coupes sont sur une Echelle du Double du Plan

Richebois del.

Lithog. de C. Motte.

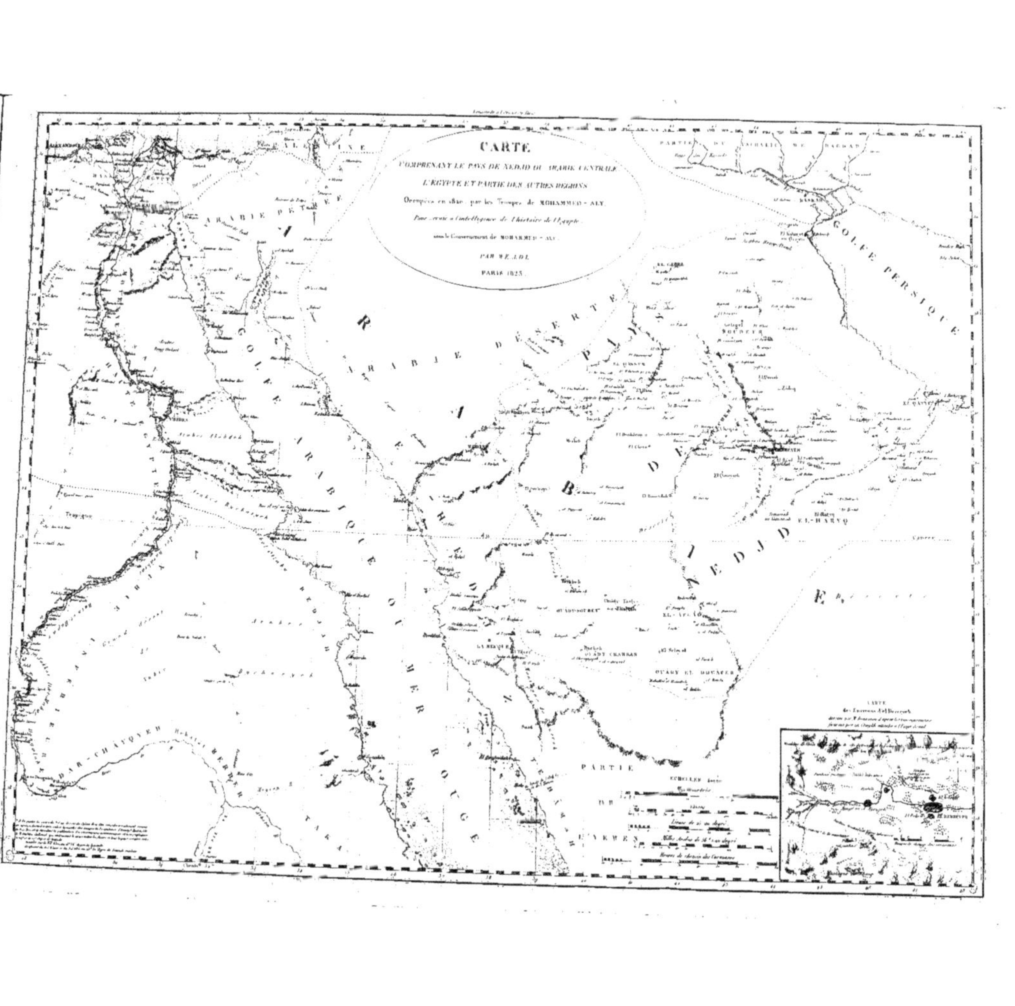
CARTE
COMPRENANT LE PAYS DE NEDJD OU ARABIE CENTRALE
L'ÉGYPTE ET PARTIE DES AUTRES RÉGIONS
Occupées par les Troupes de MOHAMMED-ALY
sous le Gouvernement de MOHAMMED-ALY
ARABIE PÉTRÉE
ARABIE DÉSERTE
GOLFE ARABIQUE OU MER ROUGE
GOLFE PERSIQUE
NEDJD
Tropique
PARTIE DE L'YEMEN
ÉCHELLES

TABLEAU

DU

COMMERCE DE L'ÉGYPTE AVEC L'EUROPE.

IMPORTATION.

DÉNOMINATION.	POIDS ET MESURES, ou QUANTITÉS.	PRIX COURANS.	CONSOMMATION LOCALE.	CONSOMMATION ÉTRANGÈRE.	CONSOMMATION TOTAL.	OBSERVATIONS.
Alquifoux	quint. 150 rotles	65 à 70 pièces	200 barils	300 barils	500 barils	
Acier fin, menu	quint. 105 *idem*	40 à 45 *idem*	30 *idem*	» »	30 *idem*	
—— *id.*, gros	*idem*	38 à 42 *idem*	150 *idem*	200 *idem*	350 *idem*	
Argent-vif	quint. 102 *idem*	450 à 500 piastr.	50 *idem*	50 *idem*	100 *idem*	
Arsenic blanc	quint. 125 *idem*	100 à 110 pièces	200 quintaux	200 quintaux	400 quintaux	
—— jaune	*idem*	*idem*	*idem*	» »	200 *idem*	
Alun de roc	quint. 150 *idem*	40 à 45 pataq.	*idem*	» »	200 *idem*	
Ambre transparente, n° 1 à 3	l'okke 420 drah.	80 à 85 *idem*	8 caisses	» »	8 caisses	
—— *idem*. 1 à 6	*idem*	65 à 70 *idem*	5 *idem*	» »	5 *idem*	
—— blanche. 1 à 3	rotle 105 drahm.	42 à 45 mahb.	» »	10 caisses	10 *idem*	
—— *idem*. 1 à 6	*idem*	20 à 22 *idem*	» »	10 *idem*	10 *idem*	
Ameçons, n° 1 à 9	le millier	9 » piastr.				
—— 10 à 30	*idem*	30 à 32 *idem*				
Aiguilles à coudre, n° 0, 1, 2	*idem*	6 » *idem*	20 caisses	3 *idem*	23 *idem*	
—— *idem* 1 à 6	*idem*	5 » *idem*	15 *idem*	5 *idem*	20 *idem*	Marque *pure*.
—— *idem* 0, 1, 2	*idem*	3 à 4 *idem*	20 *idem*	5 *idem*	25 *idem*	
—— *idem* 1 à 6	*idem*	2 » *idem*	10 *idem*	5 *idem*	15 *idem*	Autres fabriques.
—— pour voiles, 7, 10, 11	*idem*	10 » *idem*	10 *idem*	10 *idem*	20 *idem*	
Armes à feu montées, comme :						
Fusils ordinaires et fins	l'un	30 à 1500 piast.	2000	» »	2000	
Pistolets *idem* . . *idem*	la paire	35 à 1200 *idem*	2000 paires	» »	2000	
Platines *idem* . . *idem*	l'une	10 à 40 *idem*	1400	600	2000	
Amandes sans écorces	l'okke 400 drah.	3 à 4 *idem*	10,000 okkes	» »	10,000 okkes	
—— avec l'écorce	*idem*	1 » *idem*	60,000 *idem*	» »	60,000 *idem*	
Bonnets rouges de France, Gênes, Toscane et Allemagne	la douzaine	40 à 80 *idem*	50 caisses	» »	50 caisses	
Bois de teinture, Campêche	quint. 120 rotles	15 à 16 pataq.	30 quintaux	» »	30 quintaux	
—— *idem* . . . Fernambuc	*idem*	90 à 92 *idem*	100 *idem*	» »	100 *idem*	
Bois de construction, savoir :						
Planches de Venise, n° 1 à 5	l'une	$4\frac{1}{2}$ à 5 piastr.	15,000 planches	» »	15,000 planches	
Idem, de la Tisana. . . 1 à 5	*idem*	$3\frac{1}{2}$ à 4 *idem*	60,000 *idem*	» »	60,000 *idem*	
Idem, de Fiume . . . 1 à 5	*idem*	$2\frac{1}{2}$ à 3 *idem*	20,000 *idem*	» »	20,000 *idem*	
Morali de la Tisana	*idem*	$3\frac{1}{2}$ à 4 *idem*	20,000 *idem*	» »	20,000 *idem*	
Idem de Fiume	*idem*	2 à 3 *idem*	10,000 *idem*	» »	10,000 *idem*	
Mâts et autres.						
Blanc de Venise	l'okke	25 à 30 *idem*	» »	» »	» »	
Châtaignes	l'okke 400 drah.	40 » paras	30,000 okkes	» »	30,000 okkes	
Confitures sèches	*idem*	9 à 11 piastr.	2,000 *idem*	» »	2,000 *idem*	
—— *idem* diverses	la boîte	4 » *idem*	1,000 boîtes	» »	1,000 boîtes	
Coraux en grosseurs nets	l'okke 420 drah.	20 à 90 *idem*	100 okkes	150 okkes	250 okkes	Suivant la grosseur et la couleur.
—— en cannettons assortis	*idem*	30 à 80 *idem*	» »	100 *idem*	100 *idem*	Comme ci-dessus.
Cire en bandelettes, ou bougies	l'okke 400 drah.	25 » *idem*	15 caisses	» »	15 caisses	Elles viennent la plupart de Venise.
Cochenille noire, dite *morellona*	*idem*	200 à 210 *idem*	5,000 okkes	500 *idem*	5,500 okkes	
Couteaux de Styrie, n° 8, 12, 16, 24	le paquet	8 » *idem*	1 barrique	5 barriques	6 barriques	
—— de Hollande	la douzaine	9 à 10 *idem*	500 douzaines	500 douzaines	1,000 douzaines	
Conterie de Hollande $\frac{3}{4}$ blanc et $\frac{1}{4}$ bleu	le paquet 1000 grains 240 drahmes environ	6 » *idem*	» »	20 barriques	20 barriques	
—— de Venise à Ferrazza blanche, rouge, et bleue	quint. 102 rotles	45 à 50 pataq.	» »	100 *idem*	100 *idem*	
—— *idem* . . . . *idem*, noire	*idem*	60 à 65 *idem*	4 barriques	6 *idem*	10 *idem*	
—— *idem*. . . . *idem*, jaune et verte	*idem*	70 » *idem*	5 *idem*	30 *idem*	35 *idem*	
—— *idem*, $\frac{1}{2}$ H. blanche, rouge et bleue	*idem*	40 à 45 *idem*	» »	120 *idem*	120 *idem*	
—— *idem*, $\frac{1}{2}$ H. blanche et bleue	*idem*	45 à 50 *idem*	» »	50 *idem*	50 *idem*	
—— *idem*, à Rosetta	le paquet	35 à 40 piastr.	200 paquets	800 paquets	1,000 paquets	
—— *idem*, grosse à cannelons blancs, rouges et bleus	quint. 102 rotles	55 à 80 pataq.	» »	40 caisses	40 caisses	
—— *idem*, menue, mêmes couleurs	*idem*	50 » *idem*	» »	30 *idem*	30 *idem*	
—— *idem*, *idem*, blanche	*idem*	55 » *idem*	» »	60 *idem*	60 *idem*	
—— *idem*, en grains, n° 3 à 4, mille	le paquet	25 à 30 piastr.	1,000 paquets	3,000 paquets	4,000 paquets	
—— *idem*, olivette, n° 4, blanche et rouge	*idem*	23 à 24 *idem*	600 *idem*	3,000 *idem*	3,600 *idem*	
—— *idem*, *idem*, noire	*idem*	10 à 14 *idem*	» »	300 *idem*	300 *idem*	
—— *idem*, émail blanc	*idem*	8 à $8\frac{1}{2}$ *idem*	1,000 *idem*	7,000 *idem*	8,000 *idem*	
—— *idem*, *idem*, blanc, noir, bleu, jaune, rouge, vert et eau-marine	*idem*	8 à 9 *idem*	1,000 *idem*	5,000 *idem*	6,000 *idem*	
—— *idem*, rubis	*idem*	5 » *idem*	200 *idem*	400 *idem*	600 *idem*	
—— *idem*, cornaline ronde, n°s 120, 140, 280	*idem*	25 » *idem*	500 *idem*	15,000 *idem*	15,500 *idem*	
—— *idem*, *idem*, cannettoni. 120, 140, 280	*idem*	18 à 21 *idem*	» »	500 *idem*	500 *idem*	
—— *idem*, *idem*, verte ronde. 120, 140, 280	*idem*	20 à 25 *idem*	» »	300 *idem*	300 *idem*	
—— *idem*, émail rayé	*idem*	12 » *idem*	1,000 *idem*	8,000 *idem*	9,000 *idem*	
Cloux canali en barils de 18 à 24 mille	l'okke 400 drah.	150 » paras	800 barils	» »	800 barils	
—— $\frac{1}{2}$ canali *idem* . . de 40 mille	*idem*	155 » *idem*	400 *idem*	» »	400 *idem*	
—— *idem* . . *idem* . . de 2, 3 et 4 mille	*idem*	150 » *idem*	400 *idem*	» »	400 *idem*	
—— broguettes à têtes jaunes, n°s 150 à 300	le paquet	6 » piastr.	3,000 paquets	» »	3,000 paquets	
—— *idem*, de 80 à 100 mille le baril	le millier	5 » *idem*	30 barils	» »	30 barils	
Colle forte	l'okke 400 drah.	5 » *idem*	1,500 okkes	» »	1,500 okkes	
Colonnes de marbre, grandes et petites	l'une	» »	100	» »	100	
Cartes à jouer	la douzaine	6 à 9 *idem*	4,000 douzaines	» »	4,000 douzaines	
Ciseaux, en barils de 200 grosses	la grosse 4 douz.	15 à 16 *idem*	2 barriques	5 barriques	7 barriques	
Draps mahouts d'Angleterre	le pic	24 à 26 *idem*	20 balles	» »	20 balles	
—— *idem*, d'Allemagne	*idem*	18 à 20 *idem*	80 *idem*	» »	80 *idem*	
—— *idem*, de France	*idem*	18 à 24 *idem*	140 *idem*	» »	140 *idem*	
—— londrins de France	*idem*	8 à 26 *idem*	400 *idem*	» »	400 *idem*	
—— *idem*, d'Allemagne	*idem*	8 à 15 *idem*	50 *idem*	» »	50 *idem*	
—— saya surfins écarlate de Venise	*idem*	50 à 60 *idem*	100 pièces	» »	100 pièces	
—— *idem* . . . . cramoisi *idem*	*idem*	45 à 50 *idem*	*idem*	» »	*idem*	
Étain d'Angleterre	quint. 102 rotles	90 » pataq.	120 barils	40 barils	160 barrils	
Fer de Moscovie	quint. 105 *idem*	30 » *idem*	4,000 quintaux	2,000 quint.	6,000 quintaux	
— de Suède	*idem*	30 à 35 *idem*	2,000 *idem*	» »	2,000 *idem*	
d'Angleterre	*idem*	18 à 20 *idem*	» »	» »	» »	Il ne s'en vend que par le manque de celui de Suède et de Russie.
Fil de fer assorti en barils	quint. 102 rotles	136 à 140 piastr.	70 barils	» »	70 barils	

DÉNOMINATION.	POIDS ET MESURES, ou QUANTITÉS.	PRIX COURANS.	CONSOMMATION LOCALE.	CONSOMMATION ÉTRANGÈRE.	CONSOMMATION TOTAL.	OBSERVATIONS.
Cambrick brochés, de 12 yards	la pièce	40 à 50 piastr.	8,000 pièces	» »	8,000 pièces	
Idem, en croisé de 12 yards	*idem*	45 à 50 *idem*	3,000 *idem*	» »	3,000 *idem*	
Idem, coloriés	*idem*	40 à 45 *idem*	15,000 *idem*	» »	15,000 *idem*	
Mousselines fines, ordinaires, larges, étroites, unies, brochées et à jour	*idem*	15 à 50 *idem*	1,000,000 *idem*	» »	1,000,000 *idem*	
Vert-de-gris en pains	quint. 125 rotles	» »	5 barriques	» »	5 barriques	
Vitriol d'Allemagne en barriques	quint. 150 rotles	9 à 10 pataq.	200 *idem*	100 barriques	300 *idem*	
——— de Chypre	l'okke	4 à 5 piastr.	20 barils	40 barils	60 barils	
Verreries et cristaux de Bohême assortis	» »	» »	60 caisses	» »	60 caisses	C'est une partie très-étendue de laquelle on ne peut donner ici le détail.
Vins rouges communs d'Espagne, de France et de Sicile	le baril	10 à 18 tallar.	» »	» »	» »	Suivant la qualité et quantité.
Vins fins de France, Espagne, Sicile, Toscane, etc.	» »	» »	200 caisses	» »	200 caisses	
Vitres pour fenêtres, en caisses de 300 à 400	la caisse	80 à 100 piastr.	300 *idem*	» »	300 *idem*	

EXPORTATION.

DÉNOMINATION.	PROVENANT ou PRODUCTIONS de	POIDS ET MESURES, ou QUANTITÉS.	PRIX COURANS.	CONSOMMATION LOCALE et TURQUIE.	CONSOMMATION EUROPE.	CONSOMMATION TOTAL.	OBSERVATIONS.
Assa-fœtida	Indes	quint. 150 rotles	40 à 250 pat.	30 fards	50 fards	80 fards	
Aloès hépatique	Geddah	*idem*	35 à 40 fond.	120 *idem*	80 *idem*	40 *idem*	Il ne vient plus de sucotrin depuis plusieurs années.
Benjoin	Indes	quint. $112\frac{1}{2}$ rotles	40 à 250 pat.	280 caisses	20 caisses	300 caisses	
Bois saudal rouge	*idem*	quint. 120 rotles	90 à 100 *idem*	100 fards	» »	100 fards	
—— d'aloès	*idem*	le même de 324 drahmes	8 à 16 tall.	50 caisses	» »	50 caisses	
Café de l'Iemen	Mokha	quint. 108 rotles	33 » *idem*	77,000 quint.	3,000 quint.	80,000 quint.	
Cardamome, majeur et mineur	Indes	quint. 139 *idem*	857 à 900 piast.	180 sacs	20 sacs	200 sacs	
Coques du Levant	*idem*	quint. 150 *idem*	24 à 26 fond.	» »	150 fards	150 fards	
Canéfiche, ou *cassia fistula*	Égypte	quint. 110 *idem*	80 à 100 pat.	» »	100 quintaux	100 quintaux	
Cannelle	Indes	quint. 150 *idem*	30 à 50 *idem*	150 fards	150 fards	300 fards	
Curcuma	*idem*	*idem*	25 » fond.	240 *idem*	60 *idem*	300 *idem*	
Cuirs de buffles	Égypte	l'un	6 à 90 piast.	100,000	» »	100,000	
—— vaches et bœufs	*idem*	*idem*	3 à 35 *idem*	150,000	» »	150,000	
—— chameaux	*idem*	*idem*	3 à 25 *idem*	6,000	» »	6,000	
Cotons en laine	*idem*	quint. 123 rotles	110 à 130 *idem*	35,000 quint.	25,000 quint.	60,000 quint.	
——— filés							
Cendres de soude							
Cire jaune							
Comestibles, savoir :							
Blé-froment	l'Ard.						
Fèves	*idem*						
Blé de Turquie	*idem*						
Orge	*idem*						
Pois chiches	*idem*						
Lentilles	*idem*						
Ris de Damiette et Rosette	*idem*						
Dattes de diverses qualités	*idem*	quint. 125 rotles	10 à 20 pat.	147,500 quint.	2,500 quint.	150,000 quint.	
Dents d'éléphant	Sennâar	quint. 110 *idem*	200 à 450 fond.	150 *idem*	150 *idem*	300 *idem*	
Étoffes de soie brochées or et soie	Indes	la pièce	10 à 180 tall.	6,000 pièces	» »	6,000 pièces	
——— *idem*, chahie, soie et coton, unies et rayées	*idem*	la corrége de 20 pièces	120 à 240 *idem*	1,000 corréges	» »	1,000 corréges	
——— *idem*, de coton et soie *cotni*	*idem*	*idem*	150 à 350 *idem*	200 *idem*	» »	200 *idem*	
Étain en pains de 70 rotles	*idem*	quint. 102 rotles	90 » pat.	800 pains	» »	800 pains	
Écaille de tortue	Geddah	le même de 324 drahmes	8 à 11 tall.	1,200 menn	800 menn	2,000 menn	
Gomme copale	Indes	quint. 150 rotles	50 à 90 pat.	100 caisses	200 caisses	300 caisses	
——— Geddah	Geddah	*idem*	40 à 43 fond.	100 fards	300 fards	400 fards	
——— embaaoui	Iembo	*idem*	35 à 40 *idem*	» »	150 *idem*	150 *idem*	
——— arabique	Sennâar	*idem*	70 à 75 mah.	300 *idem*	1,700 *idem*	2,000 *idem*	
——— turique	Tor.	*idem*	35 à 40 pat.	» »	200 *idem*	200 *idem*	
——— encens en sorte	Indes	*idem*	55 à 80 pièc.	800 *idem*	2,000 *idem*	10,000 *idem*	
Graine de lin	Égypte	l'ardeb		85,000 ardeb	15,000 ardeb	100,000 ard.	
——— safranons	*idem*	*idem*		10,000 *idem*	» »	10,000 *idem*	Tout se consomme en Égypte.
Gingembre	Indes	quint. 150 rotles	28 à 30 pat.	600 fards	400 fards	1,000 fards	
Hennéh	Égypte	quint. $122\frac{1}{2}$ *idem*	145 à 150 pièc.	15,000 quint.	» »	15,000 quint.	
Helbé	*idem*	l'ardeb	20 à 25 *idem*	60,000 ardeb	» »	60,000 ardeb	
Laines d'Alexandrie	*idem*	quint. 78 okkes	50 » pat.	250 quint.	250 quint.	500 quint.	
——— de l'intérieur	*idem*	quint. 44 *idem*		8,000 *idem*	» »	8,000 *idem*	
Lins	*idem*	*idem*	35 » *idem*	130,000 *idem*	20,000 *idem*	150,000 *idem*	
Mousselines unies, brochées, rayées, etc	Indes	la corrége de 20 pièces	40 à 120 tall.	10,000 pièces	» »	10,000 pièces	
Myrrhe en sorte	*idem*	quint. 150 rotles	50 à 120 pat.	200 fards	100 fards	300 fards	
Noix d'Inde, en fards de 600 noix	*idem*	le millier	100 » *idem*	280 *idem*	20 *idem*	300 *idem*	
—— muscade	*idem*	okke 400 drahm.	60 à 70 piast.	800 okkes	200 okkes	1,000 okkes	
—— vomique	*idem*	quint. 150 rotles	15 à 20 pat.	» »	60 quintaux	60 quintaux	
Nacre de perle	Mer-Rouge	okke 400 drahm.	30 à 60 paras	45,000 okkes	15,000 okkes	60,000 okkes	
Natron	Égypte	*idem*	9 » *idem*				
Plumes d'autruches blanches, *primo* et *secundo*	Geddah	rotle $155\frac{1}{2}$ drahm.	7 à 800 piast.	» »	1,000 rotles	1,000 rotles	
——— *idem*, assorties, $1\frac{1}{2}$ pour 10	Darfour	*idem*	70 » mah.	» »	3,000 *idem*	3,000 *idem*	L'on bonifie 5 pour 100 pour la ficelle.
——— *idem*, noires	Geddah	*idem*	3 à 4 tall.	» »	4,000 *idem*	4,000 *idem*	
——— *idem*, blanches, *primo* et *secundo*	Darfour	*idem*	8 à 900 piast.	» »	60 *idem*	60 *idem*	
——— *idem*, noires	*idem*	*idem*	4 à $4\frac{1}{2}$ *idem*	» »	8,000 *idem*	8,000 *idem*	
Poivre des Indes	Indes	quint. 102 rotles	80 à 90 pat.	8,000 quint.	» »	8,000 quint.	
Sel ammoniac	Égypte	quint. 200 *idem*	300 à 340 *idem*	900 *idem*	100 quint.	1,000 *idem*	
Serpillières ou toiles d'emballage	*idem*	la paire	$10\frac{1}{4}$ » piast.	200,000 paires	» »	200,000 paires	
Salpêtre	» »	» »	» »	» »	» »	» »	On ne peut en vendre. Le gouvernement le fait faire pour son service.
Sucre brut, dit *mascavato*	Égypte	quint. 105 rotles	25 » pat.	10,000 quint.	20,000 *idem*	30,000 quint.	
—— bis, dit *khaouami*	*idem*	*idem*	28 à 45 *idem*	30,000 *idem*	» »	3,0000 *idem*	
—— blanc, dit *kasr saidi*	*idem*	quint. 102 rotles	90 » *idem*	12,000 *idem*	» »	12,000 *idem*	
Safranons	*idem*	quint. 110 *idem*		1,000 *idem*	2,500 *idem*	3,500 *idem*	
Séné de la Ferme	Nubie	*idem*	100 » *idem*	» »	1,000 *idem*	1,000 *idem*	On en exporte plus ou moins, suivant la quantité qui en vient, tant de la Nubie que d'ailleurs.
—— follicule	*idem*	*idem*	150 » *idem*	» »	60 *idem*	67 *idem*	
—— grabau	*idem*	*idem*	40 » *idem*	» »	50 *idem*	50 *idem*	
Toiles de coton	Indes	la corrége de 20 pièces	50 à 110 *idem*	1,400 corréges	» »	14,00 corréges	
Tamarin en pain	Darfour et Sennâar	quint. 110 rotles	100 » *idem*	450 quintaux	350 quintaux	800 quint.	
Tabac de la Haute-Égypte	Égypte	quintal 44 okkes	15 à 27 *idem*	40,000 *idem*	» »	40,000 *idem*	
Zeduaria	Indes	quint. 150 rotles	20 à 25 *idem*	60 fards	40 fards	100 fards	

DÉNOMINATION.	POIDS ET MESURES, ou QUANTITÉS.	PRIX COURANS.	CONSOMMATION			OBSERVATIONS.
			LOCALE.	ÉTRANGÈRE.	TOTAL.	
Cambrick brochés, de 12 yards	la pièce	40 à 50 piastr.	8,000 pièces	» »	8,000 pièces	
Idem, en croisé de 12 yards	*idem*	45 à 50 *idem*	3,000 *idem*	» »	3,000 *idem*	
Idem, coloriés	*idem*	40 à 45 *idem*	15,000 *idem*	» »	15,000 *idem*	
Mousselines fines, ordinaires, larges, étroites, unies, brochées et à jour	*idem*	15 à 50 *idem*	1,000,000 *idem*	» »	1,000,000 *idem*	
Vert-de-gris en pains	quint. 125 rotles	» »	5 barriques	» »	5 barriques	
Vitriol d'Allemagne en barriques	quint. 150 rotles	9 à 10 pataq.	200 *idem*	100 barriques	300 *idem*	
—— de Chypre	l'okke	4 à 5 piastr.	20 barils	40 barils	60 barils	
Verreries et cristaux de Bohême assortis	» »	» »	60 caisses	» »	60 caisses	C'est une partie très-étendue de laquelle on ne peut donner ici le détail.
Vins rouges communs d'Espagne, de France et de Sicile	le baril	10 à 18 tallar.	» »	» »	» »	Suivant la qualité et quantité.
Vins fins de France, Espagne, Sicile, Toscane, etc.	» »	» »	200 caisses	» »	200 caisses	
Vitres pour fenêtres, en caisses de 300 à 400	la caisse	80 à 100 piastr.	300 *idem*	» »	300 *idem*	

EXPORTATION.

DÉNOMINATION.	PROVENANT ou PRODUCTIONS de	POIDS ET MESURES, ou QUANTITÉS.	PRIX COURANS.	CONSOMMATION			OBSERVATIONS.
				LOCALE et TURQUIE.	EUROPE.	TOTAL.	
Assa-fœtida	Indes	quint. 150 rotles	40 à 250 pat.	30 fards	50 fards	80 fards	
Aloès hépatique	Geddah	*idem*	35 à 40 fond.	120 *idem*	80 *idem*	40 *idem*	Il ne vient plus de socotrin depuis plusieurs années.
Benjoin	Indes	quint. $112\frac{1}{2}$ rotles	40 à 250 pat.	280 caisses	20 caisses	300 caisses	
Bois sandal rouge	*idem*	quint. 120 rotles	90 à 100 *idem*	100 fards	» »	100 fards	
—— d'aloès	*idem*	le même de 324 drahmes	8 à 16 tall.	50 caisses	» »	50 caisses	
Café de l'Iemen	Mokha	quint. 108 rotles	33 » *idem*	77,000 quint.	3,000 quint.	80,000 quint.	
Cardamome, majeur et mineur	Indes	quint. 139 *idem*	857 à 900 piast.	180 sacs	20 sacs	200 sacs	
Coques du Levant	*idem*	quint. 150 *idem*	24 à 26 fond.	» »	150 fards	150 fards	
Canéfiche, ou *cassia fistula*	Égypte	quint. 110 *idem*	80 à 100 pat.	» »	100 quintaux	100 quintaux	
Cannelle	Indes	quint. 150 *idem*	30 à 50 *idem*	150 fards	150 fards	300 fards	
Curcuma	*idem*	*idem*	25 » fond.	240 *idem*	60 *idem*	300 *idem*	
Cuirs de buffles	Égypte	l'un	6 à 90 piast.	100,000	» »	100,000	
—— vaches et bœufs	*idem*	*idem*	3 à 35 *idem*	150,000	» »	150,000	
—— chameaux	*idem*	*idem*	3 à 25 *idem*	6,000	» »	6,000	
Cotons en laine	*idem*	quint. 123 rotles	110 à 130 *idem*	35,000 quint.	25,000 quint.	60,000 quint.	
——— filés							
Cendres de soude							
Cire jaune							
Comestibles, savoir :							
Blé-froment	l'Ard.						
Fèves	*idem*						
Blé de Turquie	*idem*						
Orge	*idem*						
Pois chiches	*idem*						
Lentilles	*idem*						
Ris de Damiette et Rosette	*idem*						
Dattes de diverses qualités	*idem*	quint. 125 rotles	10 à 20 pat.	147,500 quint.	2,500 quint.	150,000 quint.	
Dents d'éléphant	Sennâar	quint. 110 *idem*	200 à 450 fond.	150 *idem*	150 *idem*	300 *idem*	
Étoffes de soie brochées or et soie	Indes	la pièce	10 à 180 tall.	6,000 pièces	» »	6,000 pièces	
——— *idem*, chahie, soie et coton, unies et rayées	*idem*	la corrége de 20 pièces	120 à 240 *idem*	1,000 corréges	» »	1,000 corréges	
——— *idem*, de coton et soie *cotni*	*idem*	*idem*	150 à 350 *idem*	200 *idem*	» »	200 *idem*	
Étain en pains de 70 rotles	*idem*	quint. 102 rotles	90 » pat.	800 pains	» »	800 pains	
Écaille de tortue	Geddah	le même de 324 drahmes	8 à 11 tall.	1,200 menn	800 menn	2,000 menn	
Gomme copale	Indes	quint. 150 rotles	50 à 90 pat.	100 caisses	200 caisses	300 caisses	
——— Geddah	Geddah	*idem*	40 à 43 fond.	100 fards	300 fards	400 fards	
——— embaaoui	Iembo	*idem*	35 à 40 *idem*	» »	150 *idem*	150 *idem*	
——— arabique	Sennâar	*idem*	70 à 75 mah.	300 *idem*	1,700 *idem*	2,000 *idem*	
——— turique	Tor.	*idem*	35 à 40 pat.	» »	200 *idem*	200 *idem*	
——— encens en sorte	Indes	*idem*	55 à 80 pièc.	800 *idem*	2,000 *idem*	10,000 *idem*	
Graine de lin	Égypte	l'ardeb		85,000 ardeb	15,000 ardeb	100,000 ard.	
——— safranons	*idem*	*idem*		10,000 *idem*	» »	10,000 *idem*	Tout se consomme en Égypte.
Gingembre	Indes	quint. 150 rotles	28 à 30 pat.	600 fards	400 fards	1,000 fards	
Hennéh	Égypte	quint. $122\frac{1}{2}$ *idem*	145 à 150 pièc.	15,000 quint.	» »	15,000 quint.	
Helbé	*idem*	l'ardeb	20 à 25 *idem*	60,000 ardeb	» »	60,000 ardeb	
Laines d'Alexandrie	*idem*	quint. 78 okkes	50 » pat.	250 quint.	250 quint.	500 quint.	
——— de l'intérieur	*idem*	quint. 44 *idem*		8,000 *idem*	» »	8,000 *idem*	
Lins	*idem*	*idem*	35 » *idem*	130,000 *idem*	20,000 *idem*	150,000 *idem*	
Mousselines unies, brochées, rayées, etc	Indes	la corrége de 20 pièces	40 à 120 tall.	10,000 pièces	» »	10,000 pièces	
Myrrhe en sorte	*idem*	quint. 150 rotles	50 à 120 pat.	200 fards	100 fards	300 fards	
Noix d'Inde, en fards de 600 noix	*idem*	le millier	100 » *idem*	280 *idem*	20 *idem*	300 *idem*	
—— muscade	*idem*	okke 400 drahm.	60 à 70 piast.	800 okkes	200 okkes	1,000 okkes	
—— vomique	*idem*	quint. 150 rotles	15 à 20 pat.	» »	60 quintaux	60 quintaux	
Nacre de perle	Mer-Rouge	okke 400 drahm.	30 à 60 paras	45,000 okkes	15,000 okkes	60,000 okkes	
Natron	Égypte	*idem*	9 » *idem*				
Plumes d'autruches blanches, *primo* et *secundo*	Geddah	rotle $155\frac{1}{2}$ drahm.	7 à 800 piast.	» »	1,000 rotles	1,000 rotles	
——— *idem*, assorties, $1\frac{1}{2}$ pour 10	Darfour	*idem*	70 » mah.	» »	3,000 *idem*	3,000 *idem*	L'on bonifie 5 pour 100 pour la ficelle.
——— *idem*, noires	Geddah	*idem*	3 à 4 tall.	» »	4,000 *idem*	4,000 *idem*	
——— *idem*, blanches, *primo* et *secundo*	Darfour	*idem*	8 à 900 piast.	» »	60 *idem*	60 *idem*	
——— *idem*, noires	*idem*	*idem*	4 à $4\frac{1}{2}$ *idem*	» »	8,000 *idem*	8,000 *idem*	
Poivre des Indes	Indes	quint. 102 rotles	80 à 90 pat.	8,000 quint.	» »	8,000 quint.	
Sel ammoniac	Égypte	quint. 200 *idem*	300 à 340 *idem*	900 *idem*	100 quint.	1,000 *idem*	
Serpillières ou toiles d'emballage	*idem*	la paire	$10\frac{1}{2}$ » piast.	200,000 paires	» »	200,000 paires	
Salpêtre	» »	» »	» »	» »	» »	» »	On ne peut en vendre. Le gouvernement le fait faire pour son service.
Sucre brut, dit *mascavato*	Égypte	quint. 105 rotles	25 » pat.	10,000 quint.	20,000 *idem*	30,000 quint.	
—— bis, dit *khaouami*	*idem*	*idem*	28 à 45 *idem*	30,000 *idem*	» »	3,0000 *idem*	
—— blanc, dit *kasr saidi*	*idem*	quint. 102 rotles	90 » *idem*	12,000 *idem*	» »	12,000 *idem*	
Safranons	*idem*	quint. 110 *idem*		1,000 *idem*	2,500 *idem*	3,500 *idem*	
Séné de la Ferme	Nubie	*idem*	100 » *idem*	» »	1,000 *idem*	1,000 *idem*	On en exporte plus ou moins, suivant la quantité qui en vient, tant de la Nubie que d'ailleurs.
—— follicule	*idem*	*idem*	150 » *idem*	» »	60 *idem*	67 *idem*	
—— grabau	*idem*	*idem*	40 » *idem*	» »	50 *idem*	50 *idem*	
Toiles de coton	Indes	la corrége de 20 pièces	50 à 110 *idem*	1,400 corréges	» »	14,00 corréges	
Tamarin en pain	Darfour et Sennâar	quint. 110 rotles	100 » *idem*	450 quintaux	350 quintaux	800 quint.	
Tabac de la Haute-Égypte	Égypte	quintal 44 okkes	15 à 27 *idem*	40,000 *idem*	» »	40,000 *idem*	
Zeduaria	Indes	quint. 150 rotles	20 à 23 *idem*	60 fards	40 fards	100 fards	

COURS DES MONNAIES.		
Doublon d'Espagne	210	piastres.
Mahmoudieh de Constantinople	45	*idem.*
Sequin de Venise	30	*idem.*
Sequin de Hollande	29 ½	*idem.*
Fondncli de Constantinople	19	*idem.*
Mahboub, *idem*	14	*idem.*
Mahboub du Kaire	13	*idem.*
Talari, ou piastre d'Espagne	23	*idem.*
Juzluk de Constantinople	7	*idem.*
Bechlik, *idem*	8 ½	*idem.*
Ekilik, *idem*	6	*idem.*

MONNAIES DE VENTE.		
Fondouchi	146	medins.
Mahboub	120	*idem.*
Pataque	90	*idem.*
Pièce	60	*idem.*
Piastre	40	*idem.*

Un okke est de 400 drahmes.
Un rotle est de 144 drahmes.

www.ingramcontent.com/pod-product-compliance
Ingram Content Group UK Ltd.
Pitfield, Milton Keynes, MK11 3LW, UK
UKHW020223200726
13856UKWH00004B/1580

9 782013 085601